AF384309

PAS DE GUERRE

UN FRANC

PARIS

ARMAND LE CHEVALIER, ÉDITEUR

61, RUE RICHELIEU, 61

1868

PARIS. — IMPRIMERIE L. POUPART-DAVYL, RUE DU BAC, 30.

PAS DE GUERRE

Aurons-nous la guerre?

Les uns l'affirment. —

D'autres le nient. —

Nul ne le sait.

Cela dépend de trois ou quatre volontés privilégiées investies du pouvoir exorbitant de risquer la vie de centaines de mille hommes, et de compromettre le bien-être dans le monde entier.

Et comme ces êtres supérieurs aux autres n'éprouvent point le besoin de se décharger d'une responsabilité si écrasante ; comme ils se sentent assez éclairés et assez infaillibles pour rejeter tout conseil et repousser tout contrôle ; comme l'exercice de ce pouvoir est remis par eux entre les mains d'une diplomatie occulte et non moins impeccable qu'eux-mêmes,

Il arrive que, sans le savoir et presque sans s'en douter, les nations risquent de se trouver à l'improviste debout et en armes les unes en face des autres.

Sans le savoir et presque sans s'en douter.

En effet, jusqu'au jour où ce coup de théâtre terrible devra s'offrir aux regards étonnés, les exigences de la diplomatie auront souvent conseillé de nier avec éclat toute préoccupation belliqueuse, et peut-être même de châtier les citoyens clairvoyants qui auront exprimé publiquement leurs justes alarmes.

Que cette duplicité soit sévèrement qualifiée lorsqu'elle se rencontre dans les rapports ordinaires et privés, c'est ce que chacun sait. Mais appliquée au maniement des affaires publiques, elle n'est plus qu'habileté, et habileté nécessaire.

Peu importent les ruines que ces déclarations inexactes auront préparées. Tant pis pour les gens trop simples et trop crédules. Le salut public ne doit-il pas primer les intérêts privés ? et ne peut-on s'abriter derrière les exigences du salut public ?

On peut l'avouer, cette naïve et honnête crédulité paraît aujourd'hui disparue.

Les déclarations les plus solennelles, les promesses les plus autorisées ont été trop souvent démenties par les faits pour que l'opinion publique puisse y ajouter foi désormais ; aussi sont-elles accueillies avec distraction et scepticisme. Si quelques-uns s'y arrêtent encore, c'est comme pour déchiffrer l'oracle et pour tenter de découvrir la vérité dans la proposition contradictoire, ou

bien dans quelqu'une des affirmations collatérales
et parallèles.

La logique elle-même et l'enchaînement raisonnable des faits et des desseins ne sont plus
d'aucun secours; dans les récents événements
leur influence apparaît si peu qu'il est indigne
d'un esprit sérieux d'y rechercher un indice au
sujet des éventualités prochaines.

Aussi, il faut en convenir :
Aurons-nous la guerre?
Nul ne le sait :

De même qu'aux premiers jours de 1864, à la
veille de se jeter sur le Danemark, comme sur
une proie, la Prusse et l'Autriche annonçaient
bien haut leur volonté de respecter le repos de
l'Europe;
De même que jusqu'en avril et mai 1866, au
moment d'en venir aux mains pour vider leur
querelle née de l'iniquité commise en commun, la
Prusse et l'Autriche proclamaient leur intention
de ne pas troubler la paix;
De même, aujourd'hui, le plus touchant échange
d'assurances cordiales et d'intentions pacifiques a
lieu entre les diverses chancelleries de l'Europe.
Et cependant, aujourd'hui, comme en 1864 et
en 1866, personne n'ignore avec quelle fièvre et
quelle émulation les armements se poursuivent;
combien les approvisionnements s'amoncèlent;

quels énormes préparatifs de toute sorte sont accumulés.

Enfin de même qu'en 1864 et en 1866 on assure que les armements sont un témoignage et une garantie pacifiques.

Les choses étant ainsi, et les souvenirs que nous venons de rappeler s'imposant d'eux-mêmes aux esprits, personne n'est sûr du lendemain. L'*incertitude*, nécessaire et périlleuse conséquence de la direction personnelle et mystérieuse imprimée aux relations des peuples européens, tel est le caractère dominant et incontestable de notre situation actuelle.

Pour ne rien omettre, il faut ajouter que cette abdication de tous et de chacun a longtemps paru satisfaire le plus grand nombre. Ce *peut-être* impénétrable, suspendu sur d'innombrables vies humaines et sur le bien-être universel, on l'acceptait. L'habitude de se laisser conduire avait prévalu sur la mâle habitude d'agir; on aimait mieux se confier à la volonté d'autrui que faire cate d'initiative et de responsabilité personnelle.

Cependant les charges budgétaires sont devenues plus pesantes d'année en année; malgré l'augmentation de l'impôt, des déficits successifs ont rendu nécessaires des emprunts qui tendent à devenir périodiques; la dette publique s'est accrue; et, pour servir les intérêts de cette dette, pour fournir les *dotations*, pour subvenir aux dépenses de la guerre et de la marine, le budget français est arrivé à dévorer plus d'un milliard avant de pourvoir à un seul service public productif. (1)

D'un autre côté, sous les dénominations variées d'*armée active*, de *réserve* et de *garde mobile*, le service militaire va peser pendant neuf années sur la presque totalité de la jeunesse valide. 500,000 hommes sont arrachés à la production d'une manière continue, et le travail de 900,000 autres va être soumis à toutes les chances d'un service militaire éventuel.

Quelle activité dans le travail national ne faudrait-il pas pour créer un bien-être proportionné à des charges publiques chaque jour croissantes?

Et comment le travail national pourrait-il se développer si la jeunesse valide en est exclue et si le lendemain n'est point assuré?

La grève du milliard est là pour répondre.

Ces faits, brièvement et fidèlement retracés, et les réflexions qu'ils ont fait naître semblent avoir imprimé aux esprits une direction toute nouvelle; et, si la sérénité des gouvernements s'est maintenue aussi parfaite, la passive confiance des gouvernés a fait place à une très-réelle inquiétude.

(1) Voir Pièce annexe C.

C'est cet état de l'opinion que nous voulons essayer d'analyser, en recherchant comment il a pris naissance, et en déterminant les différents caractères et comme les aspects divers qu'il a présentés.

I

Jusqu'en 1866 les événements de la politique extérieure avaient laissé l'opinion publique assez calme ; et cependant les entreprises de guerre avaient été à peu près continuelles depuis le commencement du second empire.

Assurément on s'était demandé si les expéditions de Chine et de Cochinchine étaient réclamées par des intérêts nationaux bien sérieux ; si, dans tous les cas, les frais et les sacrifices nécessités par elles étaient en proportion avec les résultats obtenus ;

On avait pu juger sévèrement l'attitude de notre diplomatie lors de la guerre civile des États-Unis d'Amérique ; on avait certainement souffert en voyant notre Gouvernement entreprendre et terminer si tristement la longue et désastreuse expédition du Mexique ;

Le désaveu de la signature de la France régulièrement engagée à la Soledad par un plénipotentiaire français ;

La triple violation des engagements internationaux pris au traité de Londres envers l'Angleterre et l'Espagne ; des engagements constitutionnels pris devant le Corps législatif ; du droit des gens envers le Gouvernement constitutionnel du Mexique : et, au moyen de cette triple violation du droit, la fondation de l'éphémère empire mexicain ;

Les emprunts mexicains patronnés et contractés en apportant au public trompé les renseignements les plus inexacts, et en lui présentant comme durable une entreprise condamnée dès lors par tous les rapports officiels ;

La retraite et l'évacuation, refusées au sentiment du pays, et accordées aux exigences de la diplomatie américaine (1) ;

L'abandon de Maximilien à qui, au lieu du concours promis, on avait offert le choix entre la honte d'une retraite d'aventurier, ou la certitude d'une exécution légitime ;

Tous ces échecs, l'opinion publique les avait ressentis, et elle en avait souffert ; mais elle était restée calme, parce qu'elle n'avait eu le sentiment d'aucune atteinte portée à la sécurité de la France.

---

(1) Voir notamment : Dépêche de M. Seward du 12 février 1866 demandant la cessation de l'occupation, et réponse de M. Drouyl de Lhuys, du 6 avril 1866 ;

Dépêches de M. Bigelow des 31 mai et 4 juin 1866, du 12 octobre 1866, du 8 novembre 1866 ;

Dépêches de M. Seward du 8 octobre 1866 et du 23 novembre 1866.

Ce fut en juillet 1866, à la nouvelle de la bataille de Sadowa, que ce calme disparut.

La lutte de la Prusse et de l'Autriche avait été annoncée à la France dans un langage triomphal, par le discours d'Auxerre, et par un autre discours sous forme de lettre rendue publique et restée célèbre (1).

Cette guerre devait assurer définitivement le rang de la France en Europe : en dissolvant la Confédération Germanique, et en rectifiant nos frontières aussi bien que celles d'autres États, jusque-là *mal délimitées* ; elle devait déchirer à jamais les traités *détestés* de 1815. Enfin il semblait qu'elle fût la consécration et le triomphe de l'influence française sur le continent ; les deux puissances allemandes allaient assurer à leur insu le succès de conceptions profondément méditées, merveilleusement ingénieuses, et suivies dès longtemps au prix de prodiges d'habileté. La France était d'ailleurs assurée *qu'aucune question l'intéressant ne serait résolue sans son assentiment.* Tels furent les résultats promis et qui devaient être atteints sans que le sang français fût versé !!!

Une telle déclaration était si solennelle, elle attestait un tel sentiment de sécurité, que bien des gens l'accueillirent avec une confiance entière. Les esprits chagrins avaient bien pu blâmer un agran-

(1) Voir pièces annexes A et B.

dissement de territoire obtenu aux dépens du Danemark notre allié, agrandissement suivant eux inutile, et qui, dans tous les cas, ne leur paraissait point devoir compenser les dangers d'une centralisation allemande. Mais tous s'attendaient à un traité secret et formel organisant des compensations si fermement annoncées.

Sadowa vint révéler un degré d'imprévoyance tel, que personne n'avait pu l'imaginer.

Les paroles si pompeuses d'Auxerre et les espérances rendues publiques le 12 juin 1866 ne reposaient ni sur un traité, ni sur un engagement d'aucune sorte ; elles avaient été l'expression de prévisions toutes personnelles, dans lesquelles n'était point entrée l'éventualité du succès de l'une des parties belligérantes.

Cette éventualité se réalisant, nous nous trouvions à la merci du vainqueur qui, à son gré, nous octroierait ou nous refuserait des compensations. Et comme la France ne pouvait, sans s'humilier, obtenir une grâce ou essuyer un refus de la part d'une puissance étrangère, que faire ?

Nous verrons bientôt ce qui fut fait. Mais n'anticipons pas.

Au lieu des magnifiques perspectives que le discours d'Auxerre et la lettre du 11 juin 1866 avaient fait entrevoir, nous nous trouvions en présence d'un échec évident.

L'utopie avait fait place à la réalité.

-Sadowa, c'était l'unité de l'Allemagne assurée ; et, par la centralisation militaire immédiate, le groupement de toutes les forces germaniques aux mains de la Prusse victorieuse ; c'était *le rôle des Etats secondaires annulé* ; c'était *la position de l'Autriche en Allemagne à jamais détruite*. Les traités *détestés* de 1815 étaient bien *déchirés*, mais pour être remplacés par un état de choses autrement inquiétant.

Enfin le fantôme d'une intervention française était le moyen habilement mis en œuvre par M. de Bismark pour confisquer l'Allemagne. Le souvenir du premier Empire et de ses folles chevauchées à travers l'Allemagne ; la théorie des frontières naturelles récemment invoquée ; la déception publique et éclatante de notre politique de compensations : tout servait à surexciter le patriotisme allemand. Et les populations inquiètes venaient se jeter dans les bras de la Prusse, dont elles acceptaient la domination comme une nécessité contre la France.

Une telle direction imprimée aux idées chez un peuple voisin, enivré par une victoire récente et inespérée, n'était point faite pour laisser la France indifférente.

D'universelles inquiétudes se firent jour.

Était-ce donc pour assurer la prépondérance menaçante de la Prusse que nous avions, en 1859, affaibli la débile monarchie autrichienne ? Le territoire allait-il être menacé ? Était-il vrai que la

Prusse songeât à venger contre nous les humilia-
tions infligées à l'Allemagne par le premier Empire ?

Telles furent les préoccupations de l'opinion
publique. Et si, à ce moment, au lendemain de
Sadowa, le gouvernement français eût déclaré la
guerre à la Prusse, il eût rencontré dans le sentiment de la nation l'adhésion la plus entière et le
plus empressé concours.

Cette détermination ne fut pas prise, et il y a
lieu de s'en féliciter.

Sans doute, une alliance aussi formidable que
celle de la France eût alors relevé l'Autriche abat-
tue; sans doute, bloquée au nord par notre flotte,
à l'est par nos armées, au sud par les troupes au-
trichiennes animées de désespoir, la Prusse eût
été impuissante à nous résister. Mais les disposi-
tions de la Russie ne nous étaient point favorables;
une alliance avec la Prusse était possible; une diversion en Orient était à craindre; c'était la guerre
européenne presque certaine, la coalition possible.
Enfin, deux années se sont écoulées, et aujour-
d'hui les événements ont démontré que les craintes
patriotiques avaient été trop promptes.

Il n'y a donc point lieu de regretter l'inaction de
1866.

Mais, il faut bien le dire, cette inaction eut pour
cause l'impuissance à laquelle nous nous trouvions

réduits par les entreprises lointaines, notamment par l'expédition du Mexique.

Nos arsenaux étaient vides, notre flotte était épuisée, notre armée elle-même n'était point en état, et on aperçut alors à quel point la loi de 1855, sur les réengagements, en avait affaibli l'élan et atténué la valeur, en y maintenant des éléments vieillis, excellents prétoriens, mais mauvais soldats.

Cette découverte tardive, on devait l'avouer en 1867.

Personne, en France, n'ignora que ce défaut de préparatifs ne fût la cause de notre inaction, et tous pensèrent qu'un jour prochain allait venir où, toutes nos mesures étant prises, une revanche nous serait ménagée. On résolut donc d'attendre, et on attendit avec la préoccupation d'une guerre prochaine, *que l'on considérait comme inévitable.*

Tel fut le premier caractère du malaise ressenti en France après Sadowa :

La préoccupation d'une guerre prochaine;
La conviction de la nécessité de cette guerre.

II

Cet état de l'opinion publique ne devait point subsister longtemps.

C'est la condition et l'honneur des sociétés, aussi bien que des individus, que leurs idées ne puissent

rester stationnaires. La pensée collective, comme
la pensée personnelle, est sans cesse en mouvement et sujette à de perpétuelles transformations,
parce qu'elle reçoit l'empreinte du milieu dans le-
que lelle s'est produite, et parce que ces relativités,
qui réagissent sur elle, sont essentiellement varia-
bles. Seuls les individus privés de raison s'atta-
chent à une conception passagère saisie dans le
domaine du passé, ou à une utopie sortie de rêve-
ries maladives, et ils s'efforcent de la réaliser, en
dépit des plus révoltants anachronismes et des plus
évidentes impossibilités.

La pensée collective n'est point assujettie à de
pareilles déviations ; et pendant cette période d'attente qui lui était imposée, la nation ne devait pas
tarder à s'éclairer.

On reconnut que le succès des armes prussiennes n'était point dû seulement à la puissance de
l'effort tenté par elles.

La guerre de 1859, la diversion italienne à Cus-
tozza et dans l'Adriatique, l'excessive confiance des
généraux autrichiens, l'inaction de l'armée confé-
dérée, toutes ces circonstances avaient grandement
contribué à la victoire de Sadowa.

Et sans les naïves imprudences de notre diplomatie, avouées à travers toutes les réticences, la
Prusse eût-elle conçu seulement l'espoir d'une
si éclatante fortune ?

On étudiait enfin de plus près les menées de la
Prusse en Allemagne. On découvrait que les sou-

venirs de 1813, la soif de venger les justes ressentiments que ces souvenirs avaient préparés, la possibilité d'agressions nouvelles de la part de la France, les prétendues revendications de l'Alsace et de la Lorraine, que tout cela n'était qu'une ingénieuse mise en scène, un moyen d'action à l'intérieur; et que jamais, à moins d'être effectivement attaquée, la Prusse ne ferait la folie d'entreprendre contre la France une lutte sans résultat possible.

Car, après tout, la Prusse ne se croyait point capable de démembrer la France. Si elle eût dû le tenter, c'eût été au lendemain de Sadowa, dans l'enivrement de ses succès, et lorsque notre désarroi militaire était un fait public. N'ayant point alors conçu un tel dessein, comment pourrait-elle se jeter plus tard dans une si téméraire entreprise? La sécurité du territoire n'était donc point menacée, comme on l'avait trop aisément redouté à la première heure.

Et cependant l'émotion persistait.

C'est que Sadowa avait produit deux résultats réels, et l'esprit public calmé commençait à en avoir la perception.

Ce double résultat, c'était :

D'une part, un échec gouvernemental ou diplomatique;

De l'autre, un échec national ou démocratique.

Un échec gouvernemental ou diplomatique.

En effet, les vues secrètes, les espérances ca-
chées avaient été trop pompeusement dévoilées à
Auxerre et par la lettre du 11 juin 1866 pour que
ces vues trompées, ces espérances trahies n'infli-
geassent pas une rude déconvenue au gouvernement qui, les ayant conçues, avait eu l'impru-
dence de les rendre publiques.

Les négociations bientôt ouvertes en vue d'an-
nexer d'abord la vallée de la Sarre, ensuite le
Luxembourg, et l'issue pénible de ces négociations, ne tardèrent point, du reste, à accuser plus
violemment encore l'échec originaire, en y ajoutant
de nouveaux et douloureux insuccès; et les voies
détournées suivies dans ces négociations ne ser-
virent point à accroître le prestige de notre diplomatie.

Nous voulons parler de cette conception timide
qui tendait à se faire offrir par le roi de Hollande
la cession du grand duché, et à paraître céder, en
acceptant une combinaison dont on était le véritable instigateur. On se souvient comment une
habileté si naïve fut déjouée; elle reposait sur la
discrétion *recommandée* au ministre hollandais,
et il suffit d'un mot de ce dernier pour en faire
justice. On avait cru travailler dans l'ombre; on
se trouvait tout à coup en pleine lumière. Alors
chaque négociateur imputa à l'autre la première
pensée d'une combinaison qu'il était désormais

impossible de désavouer. Voilà le majestueux spectacle qui fût donné à l'Europe.

On n'a point oublié non plus quelles fières déclarations et quel hautain langage le ministre
prussien tint à cette occasion, et comment cette
tentative, si facilement arrêtée, ne servit qu'à lui
seul. Il montra au peuple allemand les convoitises
françaises menaçant le territoire de la patrie germanique, et il put prouver que, sans sa vigilance
et sans la puissance qu'il devait à la victoire, l'in-
tégrité de ce territoire eût été compromise.

Depuis ces tentatives avortées, nos rapports officiels avec la Prusse sont, à ce qu'on assure, em-
preints de la plus entière cordialité (1).

On le voit, l'échec gouvernemental et diplomatique est considérable.

Un échec national ou démocratique.

Malheureusement l'échec national, l'échec subi
par les aspirations démocratiques et libérales n'est
pas moindre.

Il ne faut point l'oublier en effet, le peuple
allemand, encore livré en fait aux petites souverainetés féodales, qui se partageaient son territoire, était, avant Sadowa, activement agité par
les idées d'émancipation. Ses minuscules hobe-

(1) Voir notamment la circulaire signée : La Vallette, du 16 sep-
tembre 1866.

reaux lui étaient devenus pesants et ridicules, et dans chacune de ces principautés un mouvement spontané était imminent. Particulariste en ce sens qu'il ne songeait point à créer de grandes centralisations administratives, ce mouvement des esprits était universel et national, en tant qu'il était partout dominé par une aspiration commune au gouvernement de la nation par elle-même. L'excessif morcellement des diverses souverainetés interdisait à chacun des princes la résistance à un mouvement populaire sérieux; et les rivalités, résultat nécessaire de la division, ne permettaient point de redouter leur entente. Au contraire, des griefs communs, un but identique unissaient les peuples. Peut-être étions-nous à la veille de voir ces aspirations lentes mais continues et énergiques aboutir à une vaste fédération de l'Allemagne, sur des bases démocratiques et libérales; les débris même de la féodalité allaient peut-être servir à atteindre ce but, et cet exemple allait démontrer que la centralisation administrative et politique n'est point l'étape nécessaire qui peut seule préparer l'avénement efficace des idées modernes; le peuple allemand semblait destiné à réaliser le type et le principe de la grande confédération européenne, qui est, quoi qu'on fasse, le but de l'avenir.

Ce grand mouvement national, la Prusse l'a confisqué, et avec lui toutes les promesses qu'il contenait. Au lieu du souffle libéral qui l'animait, à la place de l'esprit moderne dont il était inspiré et dont il semblait devoir assurer le triomphe, M. de Bismark a institué la domination d'une centralisation despotique et militaire. Hier encore l'espoir de la liberté en Europe, l'Allemagne, aux mains de la Prusse, est devenue un élément puissant de résistance à la liberté.

Voilà le véritable désordre européen accompli par Sadowa ; tel est le plus douloureux échec qu'il nous ait fait subir.

III

Si maintenant on envisage par quels moyens ce double échec peut être réparé, on est conduit à reconnaître que la guerre est radicalement impuissante.

En effet, nous l'avons constaté, et sur ce point le doute est impossible, l'action de la Prusse en Allemagne, la déviation imprimée au mouvement national allemand eussent été impossibles sans le souvenir des guerres passées et sans la frayeur de guerres prochaines. Tous les discours et tous les actes du gouvernement prussien en font foi, et la défection si douloureuse de tant de libéraux allemands est, elle aussi, un éclatant témoignage de la vérité que nous énonçons.

Comment donc la *guerre* RÉALISÉE pourrait-elle porter un remède à une situation que la *guerre* REDOUTÉE a suffi pour créer ?

Attendre un tel résultat, ce serait vouloir l'impossible.

La première conséquence, l'effet immédiat d'une guerre entreprise par la France, ce serait de faire évanouir les derniers vestiges de résistance qui survivent en Allemagne.

Assurément ces éléments de résistance existent, et les récentes élections au parlement douanier les ont montrés encore vivaces.

L'attitude énergique des Hanovriens, la protestation vigoureuse des habitants du Wurtemberg ne sauraient être méconnues.

Et si aucune préoccupation extérieure ne vient la saisir, l'Allemagne livrée à elle-même peut encore échapper au despotisme prussien ; elle se souviendra de ses aspirations généreuses vers la liberté ; elle sentira que les périls qui l'ont effrayée n'étaient que de vains fantômes ; elle comprendra qu'en les lui faisant craindre on a cherché et on a réussi à la réduire en servitude, et la réaction contre le militarisme et la centralisation qui existe en Hanovre et en Wurtemberg se répandant dans l'Allemagne entière, les provinces héréditaires de la couronne prussienne seront bientôt débordées.

(N'oublions point, en effet, quelle était, en 1866, l'ardeur de la lutte entre la couronne de Prusse et la représentation nationale.)

Alors, ce militarisme et cette centralisation disparaîtront, et les Allemands délivrés conserveront leur unité en lui donnant pour base et pour appui le gouvernement de la nation par elle-même, c'est-à-dire la démocratie et la liberté.

Dès lors, plus de lutte entre la France et l'Allemagne, plus de péril national à conjurer.

Car, il faut y prendre garde : l'unité d'un peuple ne saurait faire courir aucun danger à l'unité d'un peuple voisin.

La France unie n'a rien à redouter de l'Allemagne unifiée et ne lui est point redoutable.

Ce qui constitue le trouble, ce qui crée le péril, ce qui justifie l'inquiétude, c'est le militarisme centralisé, qui permet au roi de Prusse de disposer à son gré de toutes les forces germaniques unifiées.

Mais ces éléments de résistance ne peuvent fournir aucun point d'appui à notre action.

Abandonnés à eux mêmes, ils témoignent d'une vitalité puissante ; si, au contraire, une lutte s'engageait entre la France et l'Allemagne, le patriotisme surexcité ferait disparaître tout autre sentiment. N'avons-nous pas vu depuis deux ans les résistances particularistes s'accuser ou s'amoindrir selon que les inquiétudes extérieures étaient plus ou moins vives? La guerre une fois résolue, personne n'oserait plus récriminer contre les entreprises prussiennes; l'ambition de M. de Bismark apparaîtrait comme une vigilance salutaire; toutes les craintes propagées par lui prendraient un corps; on cesserait de détester un despotisme militaire qui serait devenu le moyen de sauver la patrie allemande.

En un mot, la guerre rendrait définitive l'agglomération militaire qu'elle aurait eu la prétention de détruire.

Et lorsque le patriotisme allemand aurait définitivement épousé la centralisation prussienne et se serait confondu avec elle, il n'est pas un esprit sensé qui pût se flatter de l'entamer.

Pourquoi croirions-nous les Allemands capables de supporter le démembrement de l'Allemagne, nous qui repoussons comme impossible l'idée d'un démembrement de la France?

Non, nous ne sommes plus au temps où les armées en se heurtant créaient ou dissolvaient les nations. Les peuples de l'Europe sont arrivés à maturité, ils ont une existence propre résultant d'idées communes et d'intérêts définitivement assis; chacun d'eux constitue un faisceau de forces morales que la force brutale est impuissante à diviser.

La guerre entre peuples européens peut bien encore réagir contre leur constitution définitive et retarder la civilisation; au prix d'incalculables désastres, elle peut obtenir des résultats passagers; le faux éclat de pareilles victoires peut encore éblouir les populations; nous avons assisté à ce spectacle trop récemment pour l'avoir oublié.

Mais, en même temps, quels enseignements pour la génération présente!

Où sont donc les résultats des guerres du premier Empire? Quelles conséquences ont été produites par les inutiles boucheries humaines auxquelles a présidé le premier Bonaparte? Quelles semences ont laissé les millions follement prodigués?

On commence à y songer. Tout cet immense effort a laissé la France plus petite en 1815 qu'elle ne l'était en 1790; les vieilles haines ravivées, les revanches de l'avenir préparées, la civilisation enrayée, le commerce détruit, la population épuisée, le civisme éteint; au lieu du patriotisme qui soulevait les citoyens en 1792, le peuple français acclamant l'étranger, et le territoire deux fois envahi.

Tels furent les résultats du premier Empire.

C'est que la guerre, glorieuse et féconde quand elle a pour but la défense du territoire et la résistance d'un peuple civilisé à la barbarie, la guerre n'est qu'une folie sans gloire et un anachronisme sans résultat lorsqu'elle se produit entre peuples civilisés.

Et aujourd'hui, on le comprend, quelle qu'en
puisse être l'issue, une guerre entre la France et
l'Allemagne ne pourrait que préparer d'inutiles
revanches et raviver les haines vieillies; loin de
remédier au danger qui résulte de la concentration
militaire de l'Allemagne, elle aurait pour effet cer-
tain de l'augmenter; enfin, le bien-être des
peuples ne peut qu'en souffrir, l'avénement de la
justice et de la liberté ne peut qu'en être retardé.

Entre le peuple allemand et le peuple français
il n'existe aucune cause actuelle de rivalité ou de
discorde; leurs intérêts commerciaux sont les
mêmes; des habitudes sympathiques les unissent;
Paris contient plus de cent mille Allemands de
toute condition, qui n'ont point cessé de vivre en
parfaite harmonie avec la population parisienne.

L'ennemi de la France, le vainqueur de Sadowa,
ce n'est point le peuple allemand.

L'ennemi commun du peuple allemand et du
peuple français, c'est le militarisme prussien : il
les a vaincus l'un et l'autre à Sadowa, en s'empa-
rant du premier pour l'opposer au second.

Si nous voulons avoir raison du militarisme
prussien, il ne faut point instituer ni développer
parmi nous le militarisme.

Gardons-nous de faire appel à la guerre. Amé-
liorons notre propre constitution intérieure, déve-
loppons nos libertés, gouvernons-nous nous-
mêmes, et, par une salutaire émulation, nous

ramènerons les peuples allemands à ces aspirations qui leur sont communes avec nous et qui leur sont restées chères, bien qu'ils les aient momentanément abandonnées.

Redevenons l'avant-garde de la liberté en Europe, et l'Allemagne nous suivra.

Alors nous aurons vaincu le vainqueur de Sadowa.

L'échec subi en 1866 par la cause démocratique et libérale est ainsi intimement lié avec notre échec national. Ils se confondent l'un avec l'autre par une étroite solidarité. Et il est impossible de venger l'un sans réparer l'autre.

Aussi, tandis qu'au lendemain de Sadowa l'analyse des préoccupations publiques faisait apercevoir :

L'attente de la guerre;

La conviction que cette guerre était nécessaire;

Aujourd'hui, par cette même analyse, on découvre :

La crainte de voir éclater la guerre;

La conviction que cette guerre aggraverait fatalement la situation qu'elle serait destinée à modifier.

IV

Pourquoi donc persister à redouter la guerre?
Dans quel but la ferions-nous?

Un seul motif pourrait décider à l'entreprendre :
l'échec gouvernemental à venger, le prestige dynastique à rétablir.

Oh! nous le savons, cet échec gouvernemental,
la guerre pourrait le réparer. A ce point de vue
une victoire suffit; et les revanches du lendemain,
les revers possibles, n'empêcheraient point que le
prestige n'eût été rétabli et environné d'un nouveau lustre.

Mais cette hypothèse est inadmissible, et puisque
la guerre, même victorieuse, impuissante à réparer l'échec national, ne peut, au contraire, qu'en
aggraver les effets, on ne saurait admettre que la
nation soit sacrifiée, que la patrie soit mise en
péril pour la puérile satisfaction de venger les dé-
ceptions personnelles de son gouvernement.

Quand les monarchies reposaient sur le principe
du droit divin, alors que les peuples étaient ré-
putés l'apanage et la propriété d'une famille sou-
veraine, les princes n'hésitaient point à employer
les peuples à venger leurs injures. Les peuples,
c'était leur chose; et n'étaient-ils point maîtres de
sacrifier leur chose?

Mais aujourd'hui, la souveraineté nationale est le principe du droit des gouvernants. Simples mandataires, exécuteurs salariés de la volonté collective, représentants des intérêts des citoyens, ils ne peuvent demander aux peuples rien de semblable.

Ils peuvent commettre des fautes, et nul n'a le d oit de s'étonner s'ils en commettent.

Mais s'il arrivait que ces fautes fussent à la veille de peser sur la nation, le prince ou la dynastie comprendraient qu'ils doivent se sacrifier plutôt que de compromettre la patrie.

Et maintenant concluons.

Oui, les combinaisons diplomatiques d'où Sadowa est résulté ont été une faute.

Mais la guerre contre l'Allemagne ne pourrait qu'aggraver cette faute au point de vue national.

Il est, d'autre part, impossible que les maux de la guerre soient imposés à la France, contrairement à ses intérêts, dans un but purement dynastique.

Donc,

Pas de guerre.

Et pour seule arme :

La Liberté !

Texte officiel du Discours prononcé par l'Empereur à Auxerre, le 8 mai 1866.

Je vois avec bonheur que les souvenirs du premier Empire ne sont pas effacés de votre mémoire. Croyez que de Mon côté j'ai hérité des sentiments du Chef de Ma famille pour ces populations énergiques et patriotes, qui ont soutenu l'Empereur dans la bonne comme dans la mauvaise fortune.

J'ai d'ailleurs envers le Département de l'Yonne une dette de reconnaissance à acquitter. Il a été un des premiers à Me donner ses suffrages en 1848; c'est qu'il savait, comme la grande majorité du peuple Français, que ses intérêts étaient les miens, et que JE DÉTESTAIS, COMME LUI, CES TRAITÉS DE 1815, dont on veut faire aujourd'hui l'unique base de notre politique extérieure.

Je vous remercie de vos sentiments. Au milieu de vous Je respire à l'aise, car c'est parmi les populations laborieuses des villes et des campagnes, que Je retrouve le vrai génie de la France.

ANNEXE B

Extrait du Compte rendu officiel de la séance du Corps législatif du 12 juin 1866.

Monsieur le Ministre, au moment où semblent s'évanouir les espérances de paix que la réunion de la Conférence Nous avait fait concevoir, il est essentiel d'expliquer par une circulaire aux agents diplomatiques à l'étranger les idées que Mon gouvernement se proposait d'apporter dans les conseils de l'Europe, et la conduite qu'il compte tenir en présence des événements qui se préparent.

Cette communication placera Notre politique sous son véritable jour.

Si la Conférence avait eu lieu, Notre langage, vous le savez, devait être explicite ; vous deviez déclarer en Mon nom que Je repoussais toute idée d'agrandissement territorial (*très-bien! très-bien!*) tant que l'équilibre Européen ne serait pas rompu (*mouvement*).

En effet, Nous ne pourrions songer à l'extension de Nos frontières que si la carte de l'Europe venait à être modifiée au profit exclusif d'une grande puissance, et si les provinces limitrophes demandaient, par des vœux librement exprimés, leur annexion à la France (*nouvelle approbation*).

En dehors de ces circonstances, Je crois plus digne de Notre pays de préférer à des acquisitions de territoire le précieux avantage de vivre en bonne intelligence avec Nos voisins (*très-bien! très-bien!*) en respectant leur indépendance et leur nationalité (*nouvelle approbation*).

Animé de ces sentiments, et n'ayant en vue que le maintien de la paix, J'avais fait appel à l'Angleterre et à la Russie pour adresser ensemble aux parties intéressées des paroles de conciliation.

L'accord établi entre les puissances neutres restera à lui seul un gage de sécurité pour l'Europe (*nouveau mouvement d'adhésion*). Elles avaient montré leur haute impartialité en prenant la résolution de restreindre la discussion de la Conférence aux questions pendantes.

Pour les résoudre, Je croyais qu'il fallait les aborder franchement, les dégager du voile diplomatique qui les couvrait, et prendre en sérieuse considération les vœux légitimes des souverains et des peuples (*très-bien! très-bien!*).

LE CONFLIT QUI S'EST ÉLEVÉ A TROIS CAUSES :

LA SITUATION GÉOGRAPHIQUE DE LA PRUSSE MAL DÉLIMITÉE ;

LE VŒU DE L'ALLEMAGNE DEMANDANT UNE CONSTITUTION POLITIQUE PLUS CONFORME A SES INTÉRÊTS GÉNÉRAUX ;

LA NÉCESSITÉ POUR L'ITALIE D'ASSURER SON INDÉPENDANCE NATIONALE.

Les puissances neutres ne pouvaient vouloir s'immiscer dans les affaires intérieures des pays étrangers. Néanmoins, les cours qui ont participé aux actes constitutifs de la Confédération Germanique avaient le droit d'examiner si les chan_ gements reclamés n'étaient pas de nature à compromettre l'ordre établi en Europe.

Nous aurions, en ce qui nous concerne, désiré pour les états secondaires de la confédération une union plus intime, une organisation plus puissante, un rôle plus important (*approbation*); pour la prusse, plus d'homogénéité et de force dans le nord; pour l'autriche, le maintien de sa grande position en allemagne. (*Très-bien !*)

Nous aurions voulu, en outre, que, moyennant une compensation équitable, l'Autriche pût céder la Vénétie à l'Italie (*très-bien! très-bien!*); car si, de concert avec la Prusse, et sans se préoccuper du traité de 1852, elle a fait au Danemark une guerre au nom de la nationalité allemande, il Me paraissait juste qu'elle reconnût en Italie le même principe, en complétant l'indépendance de la Péninsule. (*Approbation.*)

Telles sont les idées que, dans l'intérêt du repos de l'Europe, Nous aurions essayé de faire prévaloir. Aujourd'hui, il est à craindre que le sort des armes seul en décide. En face de ces éventualités, quelle est l'attitude qui convient à la France?

Devons-nous manifester Notre déplaisir parce que l'Allemagne trouve les traités de 1815 impuissants à satisfaire ses tendances nationales et à maintenir sa tranquillité?

Dans la lutte qui est sur le point d'éclater, Nous n'avons que deux intérêts : le maintien de l'équilibre européen et le maintien de l'œuvre que Nous avons contribué à édifier en Italie. (*Très-bien! très-bien!*)

Mais pour sauvegarder ces deux intérêts, la force morale de la france ne suffit-elle pas? pour que sa parole soit écoutée, sera-t-elle obligée de tirer l'épée? je ne le pense pas. (*Nouvelles marques d'approbation.*)

Si, malgré Nos efforts, les espérances de paix ne se réalisaient pas, nous sommes néanmoins assurés, par les déclarations des cours engagées dans le conflit, que, quels que

SOIENT LES RÉSULTATS DE LA GUERRE, AUCUNE DES QUESTIONS QUI NOUS TOUCHENT NE SERA RÉSOLUE SANS L'ASSENTIMENT DE LA FRANCE. (*Très-bien! très-bien!*)

Restons donc dans une neutralité attentive, et, forts de notre désintéressement, animés du désir sincère de voir les peuples de l'Europe oublier leurs querelles et s'unir dans un but de civilisation, de liberté et de progrès, demeurons confiants dans notre droit et calmes dans notre force.

(*Applaudissements prolongés. Mouvement général.*)

ANNEXE C

Total des recettes prévues pour 1868, y compris 128 millions à provenir de l'emprunt projeté. **2,291,735,739**

Les dépenses étant balancées au *budget rectificatif extraordinaire* de 1868 par 128 millions de l'emprunt, elles sont évaluées au même chiffre que les recettes, soit. **2,291,735,739**

De ces dépenses, les principales sont :

Dette consolidée (*intérêts*).	340,866,408
Intérêts de cautionnements. 8,700,000 « de la dette flottante. 26,000,000 Capitaux remboursables à divers titres. 609,336	35,309,336
Dette viagère.	88,458,529
Dotations et *dépenses des pouvoirs législatifs.*	48,246,280
Ensemble.	512,880,553
Au budget extraordinaire.	310,000
Ensemble.	513,190,553
Guerre.	505,000,000
Marine.	196,000,000
Total.	1,214,190,553

Soit 1 milliard, 214 millions, avant de pourvoir à un seul service productif.

PARIS. — IMPRIMERIE L. POUPART-DAVYL, RUE DU BAC, 30.